Anita Kuisle

Wasser

Vom Hausbrunnen zum Wasserhahn

Ausstellung zur Geschichte der Wasserversorgung
im ländlichen Oberbayern

Freilichtmuseum des Bezirks Oberbayern
Großweil 1994

Der Verein „Freundeskreis Freilichtmuseum Südbayern e.V." ist wegen Förderung der Volksbildung vom Finanzamt Garmisch-Partenkirchen als gemeinnützig und besonders förderungswürdig anerkannt.
Jahresmitgliedsbeitrag 40,– DM. Beitrittserklärungen bitte anfordern.
Sachspenden für Museumsaufbau und Einrichtung werden an die untenstehende Anschrift des Vereins erbeten. Geldspenden an eines der Konten des Vereins:
Bayerische Vereinsbank, Filiale Murnau, Kto.-Nr. 4 632 060, BLZ 703 221 92
Bayerische Landesbank, Girozentrale München Kto.-Nr. 34 820, BLZ 700 500 00
Vereinigte Sparkassen Weilheim, Hauptzweigstelle Murnau,
Kto.-Nr. 119 560, BLZ 703 510 30

Titelbild: Frau am Windenbrunnen in Osterkam, Aufnahme undatiert, Archiv für Hausforschung München.

Konzeption, Texte, Bildauswahl, Herstellung	Dipl.-Ing. (FH) Anita Kuisle, Büro für Technikgeschichte
Mitarbeit	Heide Dorn
Zeichnungen	Manfred Böhm, Freilichtmuseum
Fotos	siehe Bildnachweis
Redaktion	Dr. Helmut Keim, Museumsdirektor
Mitarbeit	Ariane Weidlich M. A., Freilichtmuseum
Herausgeber	Freundeskreis Freilichtmuseum Südbayern e.V., 82439 Großweil
Satz	Druckservice München-Ost GmbH
Druck und Bindearbeiten	Berufsbildungswerk München für Hör- und Sprachgeschädigte

Das Papier für den Katalog wurde gespendet von der
TATRA-Papiervertriebs-GmbH, PWA-Haus, 83064 Raubling

ISBN 3-924842-81-7

Großweil 1994

Inhalt

Vorwort	4
Einführung	5
Ein Gang durch die Ausstellung	
Wasser holen - eine alltägliche Arbeit	8
Der Kreislauf des Wassers	10
Oberbayern - ein Wasserparadies?	12
Das Geheimnis der Wasserleitung	14
Wasser für das Weißenbachgütl	16
Die Brunnen von Geiselfing	20
Gebirgswasser für Schönau	22
Übersee: Mit List zur Wasserleitung	26
Ein Brunnen wird gebaut	32
Die Werkzeuge des Brunnenmachers	48
Der Brunnen als Gefahr	52
Dachwasser	56
Laufbrunnen	60
Schöpfbrunnen mit Schwingbaum	68
Schöpfbrunnen mit Winde	78
Brunnen mit hölzernen Handpumpen	86
Brunnen mit eisernen Handpumpen	98
Brunnen mit mechanisierten Pumpen	106
Geschlagene Brunnen	112
Hydraulische Widder	118
Die zentrale Ortsversorgung	124
Alle Probleme gelöst?	128
Ein Brunnen für die Besucher	132
Informationen zur Ausstellung	134
Literatur und Quellen	136
Bildnachweis	137
Ortsregister zu den Abbildungen	139

Vorwort

Im Juni 1993 wurde im Freilichtmuseum des Bezirks Oberbayern an der Glentleiten eine neue Dauerausstellung eröffnet: „Wasser - Vom Hausbrunnen zum Wasserhahn" Vorausgegangen waren umfangreiche Recherchen über die historischen Brunnenformen in Oberbayern – zunächst als Grundlage für die Überarbeitung der Brunnenanlagen im Freigelände des Museums. Dabei konnten jedoch so zahlreiche historische Fotos und Befragungsergebnisse zu den unterschiedlichen Brunnentypen zusammengetragen werden, daß es uns angebracht schien, einen Teil der reichhaltigen Materialsammlung über dieses bisher weitgehend unbearbeitete Thema zu veröffentlichen und damit allgemein zugänglich zu machen. Der Vorstand des Freundeskreises Freilichtmuseum Südbayern e.V. war bereit, die Publikation im Rahmen der Schriftenreihe zu finanzieren.
Gleichzeitig entschlossen wir uns, dem wichtigen Thema „Wasser..." eine Dauerausstellung zu widmen, für deren Konzept Frau Dipl.-Ing. (FH) Anita Kuisle gewonnen werden konnte.
Der vorliegende Katalog veröffentlicht die Texte und Bilder der Ausstellung und wird durch zahlreiche, zusätzliche historische Bildbeispiele ergänzt. Die teilweise schlechte Bildqualität der historischen Abbildungen bitten wir zu entschuldigen.
Allen, die am Zustandekommen von Ausstellung und Katalog mitgewirkt haben, sei an dieser Stelle herzlich gedankt – insbesondere der Landesstelle für die Nichtstaatlichen Museen. Ohne die finanzielle Unterstützung von dieser Seite wären die fachlichen Vorarbeiten nicht möglich gewesen. Desweiteren danken wir

> dem Archiv für Hausforschung des Instituts für
> Volkskunde / Bayer. Akademie der Wissenschaften, München,
> dem Bayerischen Landesverein für Heimatpflege, München,
> dem Niederbayrischen Freilichtmuseum in Massing,
> der TATRA Papiervertriebs-GmbH, Raubling/Obb.,
> der Gemeindeverwaltung Schönau am Königsee,
> dem Wasserbeschaffungsverband Übersee,

sowie allen Mitarbeitern und den Spendern von Ausstellungsobjekten.

Dr. Helmut Keim
Museumsdirektor

Einführung

Die Ausstellung "Wasser" rückt einen wichtigen Lebensbereich unserer Vorfahren ins Blickfeld der Museumsbesucher - die Versorgung mit Trinkwasser, für die bis in die jüngste Vergangenheit viele Anwesen selbst verantwortlich waren. Es wird gezeigt, auf welche Weise die Bewohner der ländlichen Gebiete Oberbayerns in den vergangenen zwei Jahrhunderten das kostbare Naß für sich und ihr Vieh gewannen. Wenn die Besucher durch die Auseinandersetzung mit der Vergangenheit dazu angeregt werden, über unseren heutigen Umgang mit Wasser nachzudenken, so ist dies durchaus beabsichtigt.

Da die Ausstattung der ländlichen Anwesen mit Anlagen zur Wasserversorgung erst sehr wenig erforscht ist, ließ das Freilichtmuseum zunächst einmal eine Studie zum Thema durchführen. In den Jahren 1986 bis 1989 trug Friedrich Koch, der heute Leiter des Freilichtmuseums Donaumoos ist, Material zum Thema "Wasserversorgung im ländlichen Oberbayern" zusammen, insbesondere zur Technik der Anlagen. Koch sichtete einschlägige Archive auf der Suche nach historischen Fotografien und führte Befragungen von Zeitzeugen durch. Eine erschöpfende Erforschung der Geschichte der Wasserversorgung in Oberbayern konnte im gegebenen Rahmen zwar nicht geleistet werden, doch förderten Kochs Studien interessante Ergebnisse zu Tage. Um diese den Besuchern zugänglich zu machen, entschied sich die Museumsleitung zur Einrichtung einer ständigen Ausstellung. Bei den Vorarbeiten hierzu zeigte sich, daß eine Einschränkung auf technikgeschichtliche Fragestellungen zur Vernachlässigung wichtiger Aspekte des Themas führte, beispielsweise der Frage nach Organisationsformen bei gemeinsamer Nutzung von Anlagen oder der Auseinandersetzungen um die Einführung von Ortsversorgungen.

Es werden deshalb im ersten Teil der Ausstellung beispielhafte Gemeinwesen vorgestellt, an deren Geschichte solch übergeordnete Zusammenhänge sichtbar werden. Eine Ausstellungseinheit beschreibt die Geschichte der Wasserversorgung im Weiler Geiselfing im Landkreis Traunstein, von dessen fünf Anwesen vier gemeinschaftlich einen zunächst mit Wind, später mit einem Elektromotor mechanisierten Pumpbrunnen betrieben. Als zweites Beispiel wurde die Gemeinde Übersee am Chiemsee ausgewählt, wo die 1905 nach heftigen Auseinandersetzungen gegründete Genossenschaft bis heute für die Wasserversorgung zuständig ist. Das dritte Beispiel beschreibt die Versorgung der Gemeinde Schönau am Königssee, die 1911 mit Unterstützung des bayerischen Staates eingerichtet wurde.

Der zweite Teil der Ausstellung im Erdgeschoß zeigt und erläutert die unterschiedlichen technischen Lösungen, die bei der Wasserversorgung der ländlichen Anwesen in Oberbayern Verwendung fanden. Da nur wenige Höfe über eine eigene Quelle verfügten, bildete meist ein gegrabener Brunnen die Grundlage der Versorgung. Aus diesem erfolgte die Wasserentnahme mit Hilfe unterschiedlicher Schöpf- oder Pumpsysteme. Eine wichtige Rolle spielte daneben auf nahezu allen Anwesen das Sammeln von Regenwasser.

Architektonischer und thematischer Mittelpunkt der Ausstellung ist die Inszenierung einer Brunnenbaustelle, die über beide Stockwerke reicht. Für die Darstellung wurde der Zeitpunkt des Aufmauerns gewählt. Im Obergeschoß ist die dreibeinige Bauwinde über dem ausgehobenen und mit einer Schalung gesicherten Loch zu sehen. Im Erdgeschoß, wo der Brunnenschacht geschnitten ist, wird die Vorgehensweise beim Brunnenbau erklärt sowie der Brunnenmacher als Fachmann für diese Arbeit vorgestellt. Eine eigene Einheit zeigt seine Werkzeuge. Die Inszenierung zeigt die Vorgehensweise des Brunnenmachers Xaver Plinninger aus Neumarkt Sankt Veit beim Bau eines Brunnens im Freilichtmuseum Massing im Jahr 1984. Da die dortigen Museumskollegen diesen Brunnenbau sehr gut dokumentiert haben, können hier im Katalog über die in der Ausstellung gezeigten Arbeitsschritte hinaus Fotografien von allen Arbeiten beim Bau eines Brunnens in Handarbeit gezeigt werden.

Bei der Konzeption der Ausstellung spielte die Einbindung ins Freilichtmuseum eine wichtige Rolle. Die Besucher sind durchschnittlich bereits zwei Stunden unterwegs, wenn sie das am Rand des Museumsgeländes gelegene Weißenbachgütl erreichen. Der Rundgang beschert ihnen dabei eine Vielzahl von Eindrücken und Informationen. Aus dem weiten Forschungsfeld "Wasserversorgung" wurden deshalb 24 Einzelthemen ausgewählt und jeweils sehr knapp aufbereitet. Die hierbei verwendeten Medien sind Texte, Fotos, Zeichnungen, Modelle und natürlich Exponate. Die Tafeltexte der Ausstellung sind auch hier im Katalog den jeweiligen Kapiteln vorangestellt.

Als Ausstellungsraum für die "Wasserversorgung" bot sich der zweigeschoßige Wirtschaftsteil des gerade errichteten "Weißenbachgütls" an. Dieses Kleinanwesen aus dem Landkreis Traunstein stand vor dem Erwerb durch das Museum jahrzehntelang leer, die Einrichtung des Wirtschaftsteiles war nicht mehr eindeutig rekonstruierbar. Bedingung für die Nutzung des Anwesens als Ausstellungsraum war allerdings, daß die Exponatfunktion des Hauses nicht gestört wurde. Dies bedeutete, daß die ursprüngliche Architektur der Räume auch nach dem Einbau der Ausstellung klar erkennbar bleiben mußte, beispielsweise durften die rekonstruierten Bruchsteinwände des ehemaligen Stalles nicht hinter einer Ausstellungsarchitektur verschwinden.

Die Konzeption der Ausstellung erstellte Anita Kuisle vom Büro für Technikgeschichte, da die MitarbeiterInnen des Museums diese Aufgabe nicht zusätzlich leisten konnten. Die Gestaltung wurde vom Büro für Technikgeschichte in Zusammenarbeit mit dem Museum entwickelt. Die Realisierung der Ausstellung erfolgte, mit Ausnahme der Herstellung der Tafeln, durch die Mitarbeiter des Museums. Ihnen allen, insbesondere Frau Ariane Weidlich und Herrn Manfred Böhm, sei an dieser Stelle herzlich gedankt für die engagierte Unterstützung des Projektes. Die Ausstellung ist seit Juni 1993 zu den Öffnungszeiten des Freilichtmuseums zu besichtigen.

1 Auftakt der Ausstellung, Aufnahme 1993

Wasser holen - eine alltägliche Arbeit

Wasser holen war bis vor wenigen Jahrzehnten auch in Oberbayern eine alltägliche Arbeit. Der Gang zum Brunnen war meist Frauenarbeit, auf größeren Höfen eine Aufgabe der Magd.

Die Eimer fassen den durchschnittlichen Tagesbedarf eines Anwesens von der Größe des Weißenbachgütls um das Jahr 1900.

Der weitaus größte Teil des Wassers wurde zum Viehtränken benötigt.

2 Inszenierung "Wasser tragen", Aufnahme 1993

Der Kreislauf des Wassers

Jedes Wasser entstammt dem natürlichen Wasserkreislauf der Erde und fließt nach Gebrauch dorthin zurück.

Die insgesamt vorhandene Wassermenge liegt fest. Sie kann nicht verändert werden. Weniger als 1% der Wasservorräte der Erde sind als Trinkwasser für die Menschen nutzbar.

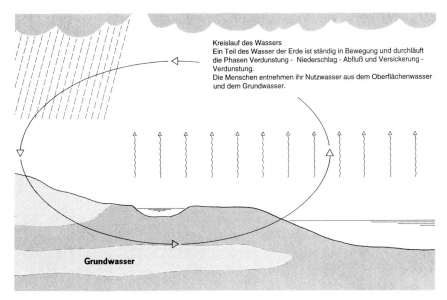

3 Der Kreislauf des Wassers

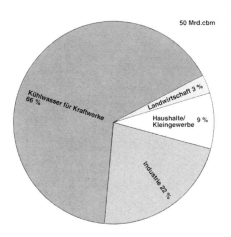

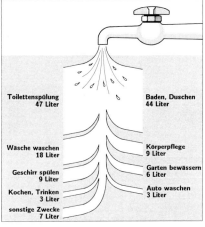

4 Gesamtwasserverbrauch der Bundesrepublik Deutschland im Jahr 1987
Der Wasserverbrauch der BRD im Jahr 1987 entspricht einem See von etwa 80 km Durchmesser und 10 m Tiefe.

5 Durchschnittlicher Trinkwasserverbrauch im Haushalt (BRD, alte Länder 1990)
Pro Person und Tag werden im Durchschnitt 146 l benötigt. Nur 3 l davon sind "Trinkwasser" im wörtlichen Sinn.

11

Oberbayern - ein Wasserparadies ?

Bayern ist ein wasserreiches Land,
doch ist der Segen ungleichmäßig verteilt.
Abhängig von den Niederschlägen,
der Bodenbeschaffenheit und der
Landschaftsform gestaltete sich die
Wasserversorgung sehr unterschiedlich.

Nur dort, wo ein speicherfähiger
Untergrund den Regen aufnehmen kann,
ist die Erschließung des Wassers einfach.
Grundsätzlich werden die Verhältnisse
in Oberbayern von Süden nach Norden immer
schwieriger.

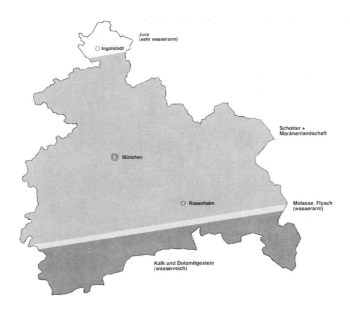

6 Karte Oberbayerns zur geologischen Beschaffenheit des Untergrundes
Die Darstellung liefert nur einen groben Überblick, die Verhältnisse können kleinräumig variieren.

7 Karte Oberbayerns zum Stand der Wasserversorgung im Jahr 1928
Die Ziffern sind Durchschnittszahlen je Landkreis und geben an, wieviel Prozent der Wohngebäude über fließendes Wasser innerhalb des Hauses verfügten.

Das Geheimnis der Wasserleitung

Wie ist es möglich, daß in jedem Stockwerk das Wasser aus den Hähnen fließt, obwohl die Zuleitung zum Haus von unten erfolgt?

Dahinter steckt die geschickte Anwendung einer physikalischen Erscheinung:
In Gefäßen oder Rohren, die miteinander verbunden sind, steigt eine Flüssigkeit in allen Teilen stets gleich hoch.

Deshalb steigt das Wasser in einem Leitungsnetz überall bis auf die Höhe, auf welcher der Vorratsbehälter liegt.

Die Speicher von Ortsversorgungen sind deshalb auf natürlichen Erhebungen oder in Wassertürmen untergebracht.

8 Wasserturm von Edling, Lkr. RO, Aufnahme 1985

Wasser für das Weißenbachgütl

Der Hof, in dem sich die Ausstellung befindet,
verfügte an seinem ursprünglichen Standort
über eine eigene Quelle.

Holzrohre führten das Wasser zum Anwesen,
anfangs vermutlich zu einem Laufbrunnen.
Später verlegte man eine eiserne Leitung
bis in die Küche des Hauses,
wo sich ein Grand (Wasserbecken) befand.

Die Wasserzuführung aus höher gelegenen
Quellen ist typisch für das wasserreiche
Alpenvorland.

9 Das Weißenbachgütl im Freilichtmuseum an der Glentleiten, Aufnahme 1993

10 Das Weißenbachgütl am ursprünglichen Standort, Aufnahme 1985
Das Anwesen lag oberhalb von Rottau, Lkr. TS im Wald.

11 Wassergrand in der Küche des Weißenbachgütls, Aufnahme 1994

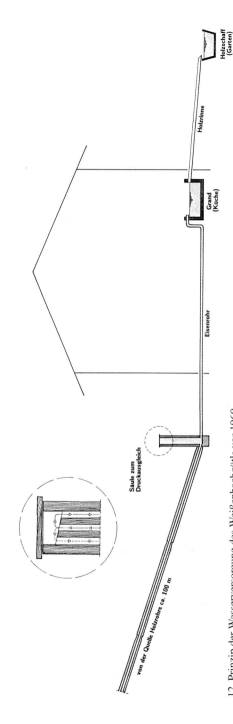

12 Prinzip der Wasserversorgung des Weißenbachgütls vor 1960
Das Wasser einer oberhalb des Anwesens im Wald liegenden Quelle floß durch Holzrohre zum Hof. Dort wurde es in eine hölzerne Säule geleitet, die dem Druckausgleich diente. Sie war der Länge nach dreifach durchbohrt. In einer Bohrung stieg das Wasser nach oben, in einer zweiten floß es wieder nach unten, die dritte diente als Überlauf. Von der Säule floß das Wasser in die Küche. War der dortige Grand gefüllt, so leitete eine Rinne den Überschuß in ein Schaff im Garten.

Die Brunnen von Geiselfing

Im Weiler Geiselfing im Lkr. Traunstein waren die Menschen bis zum Jahr 1973 selbst für ihre Wasserversorgung verantwortlich. Sie nutzten Brunnen- und Regenwasser.

In der Zeit von 1947 bis 1973 unterschied man in Geiselfing drei Arten von Wasser: Das Regenwasser, das jeder Hof sammelte, das Wasser aus dem Gemeinschaftsbrunnen und das Trinkwasser, das alle aus dem Hausbrunnen beim "Hafner" holten.

Über dem Gemeinschaftsbrunnen, der neben dem Anwesen des "Brunnschusters" stand, wurde 1911 ein Windrad errichtet.

Dieses trieb eine Pumpe an, mit welcher das Wasser in eine "Reserv" (Vorratsbehälter) beim "Gschlacht", dem höchstgelegenen Hof der Ortschaft gepumpt wurde.
Von dort führten Leitungen zum "Rapf", zum "Nagl" und zum "Brunnschuster". Lediglich der "Hafner" beteiligte sich nicht an dieser Dorfversorgung.
1947 löste ein Motor das Windrad ab.

Da es mit der Gemeinschaftsanlage immer wieder Probleme gab, waren die Geiselfinger froh, als sie 1973 an die zentrale Wasserversorgung angeschlossen wurden.

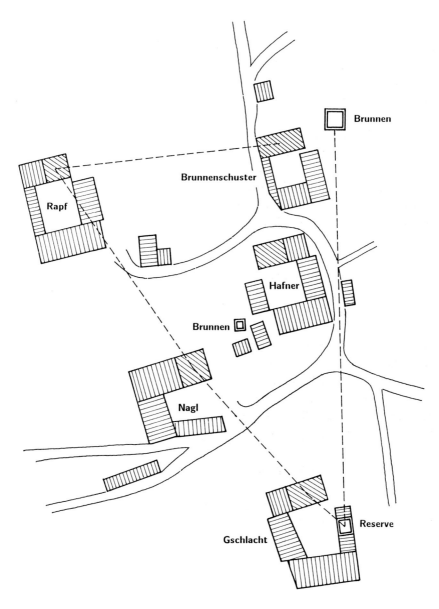

13 Grundrißplan von Geiselfing, Lkr. TS, um 1950
Außer den fünf Anwesen und ihren Hausnamen sind der Gemeinschaftsbrunnen beim "Brunnschuster", der Brunnen beim "Hafner", die "Reserv", das ist der Vorratsbehälter der Gemeinschaftsanlage, und der ungefähre Verlauf der Wasserleitungen eingetragen.

Gebirgswasser für Schönau

Schon 1911 wurde in Schönau am Königsee
eine öffentliche Wasserleitung eingerichtet,
denn die Quellen einiger Anwesen waren
im Sommer regelmäßig versiegt.
Das eben aufblühende Geschäft mit
den "Sommerfrischlern" mag ein weiterer
Grund für diese Maßnahme gewesen sein.

Man beschloß, das Wasser einer ergiebigen,
hochgelegenen Quelle zum Ort zu führen.
Dort bestehende Wasserrechte wurden abgelöst.

Das im Jahr 1879 eingerichtete königlich
bayerische "Bureau für Wasserversorgung"
unterstützte die Gemeinde bei der Planung
und beim Bau der Anlage.

Die neue Wasserleitung versorgte anfangs
12 Anwesen und 18 Hydranten.
Sie wurde seitdem immer wieder erweitert
und umfaßt heute über 850 Hausanschlüsse.
Aufgrund des Höhenunterschiedes zwischen
Quelle und Ort benötigt die Anlage keine Pumpen.

Der Wasserbedarf ist enorm angestiegen,
insbesondere durch den Fremdenverkehr.
Nur im Verbund mit der Gemeinde
Berchtesgaden kann Schönau am Königsee
heute die Versorgung sicherstellen.

14 Schönau am Königsee, Lkr. BGL, Aufnahme 1993

15 Protokoll der Gemeinderatssitzung in Schönau vom 5. Januar 1908:
"... wurde mit 7 gegen keine Stimmen beschlossen, eine gemeindliche Wasserleitung zu erbauen. Hiezu wird der Beirat und die Beihilfe des Wasserversorgungsbureaus und ein Zuschuß aus dem Fond für Förderung des Feuerlöschwesens erbeten."
Im Jahr 1911 ging die hier beschlossene Ortsversorgung mit 12 Hausanschlüssen in Betrieb. 1920 waren bereits 73 Anwesen angeschlossen, im Jahr 1930 waren es 132.

16 Eingang des ersten Hochbehälters der gemeindlichen Wasserversorgung von Schönau am Königsee, Aufnahme 1911.
Aus diesem Hochbehälter mit 150 m³ Fassungsvermögen wurde die Gemeinde bis 1947 versorgt. In diesem Jahr erfolgte die Erweiterung der Anlage um einen zweiten Hochbehälter mit 350 m³, der aus einer eigenen Quelle gefüllt wird und bis heute in Gebrauch ist. Im Jahr 1984 wurde der hier abgebildete Behälter durch einen Neubau mit 1500 m³ ersetzt.

17 Das Anwesen "Samerhäusl" in Schönau am Königsee, Aufnahme 1947
Von 1911 bis zu seinem Tod im Jahr 1958 war Johann Schwaiger, der damalige Besitzer des Anwesens, in Schönau als Wasserwart tätig. Der Wasserwart war für die Wartung von Hochbehälter und Leitungsnetz zuständig. (Das Samerhäusl wurde bis 1984 bewirtschaftet und kam 1988 ins Freilichtmuseum.)

Übersee: Mit List zur Wasserleitung

Übersee am Chiemsee erhielt im Jahr 1906
eine zentrale Wasserversorgung.

Vorausgegangen war ein langer Streit.
Die Anwohner im Norden des Ortes,
deren Brunnen aufgrund der Nähe zum See
oft sumpfiges Wasser lieferten, kämpften
für eine zentrale Wasserversorgung.
Im Süden dagegen verfügte man
über gute Brunnen und sah keinen Grund
für die Einrichtung einer teuren Anlage.

Schließlich gründeten 1905 die Vertreter
von 78 der 200 Anwesen von Übersee eine
Genossenschaft zum Bau des Wasserwerkes.
Doch Bürgermeister Alman weigerte sich,
eine Gemeindebürgschaft für das Projekt
zu unterzeichnen. (Er wohnte im Süden.)

Da griffen die Befürworter zu einer List.
Sie nutzten eine Abwesenheit des
Bürgermeisters, schmuggelten seinem
Stellvertreter die Bürgschaftserklärung
heimlich in die Unterschriftenmappe
- und hatten Erfolg.
Der Streit war damit noch nicht zu Ende,
doch das neue Wasserwerk wurde gebaut.
Erst im Jahr 1953 mußte es grundlegend
erneuert werden.

Bis heute ist in der Gemeinde Übersee
für die gesamte Wasserversorgung
die Genossenschaft verantwortlich.

18 Blick auf die Ausstellungseinheit "Übersee", Aufnahme 1994

19

20

21

19 Der Überseer Bürgermeister Matthias Pemler und seine Familie, Aufnahme um 1900
Im Hintergrund ist der Hausbrunnen des Anwesens zu sehen. Pemler unterstützte das Projekt der zentralen Wasserversorgung - er wohnte im nördlichen Teil der Gemeinde, wo die Brunnen oft sumpfiges, braunes Wasser lieferten. Pemler konnte jedoch in seiner Amtszeit (bis 1905) die Wasserleitung nicht durchsetzen.

20 Wasseruhr aus Übersee in der Ausstellung, Aufnahme 1994
Mit Einrichtung der Zentralversorgung wurde das Wasser zum Handelsgut, zu einer Ware, deren Wert mit Geld zu begleichen war. In der Wasseruhr verdinglicht sich dieser Wandel.

21 Maschinenhalle des Wasserwerkes von Übersee, Aufnahme um 1950
Im Vordergrund ist die Saug- und Druckpumpe zu sehen, die das Wasser aus dem Brunnen fördert und zum Hochbehälter pumpt. Der Antrieb der Maschine erfolgt mit einer Wasserturbine im Untergeschoß des Maschinenraumes. Die Anlage ist, mit einer weiteren Pumpe, bis heute in Betrieb.

22 Hydrant der Firma Bopp und Reuter, Darstellung in einem Firmenkatalog von 1889

23 Hydrant der Firma Bopp und Reuther in der Ausstellung, Aufnahme 1994
Dieser Hydrant war in Übersee aufgestellt. Die ursprünglichen Anschlußflansche für die Schläuche wurden in den 1960er Jahren durch eine genormte Ausführung aus Aluminium ersetzt.

Ein Brunnen wird gebaut

Seit der Zeit um 1800 konnte sich
eine zunehmende Zahl der bäuerlichen Anwesen
einen eigenen Hausbrunnen leisten.
Wer keine Quelle hatte, mußte einen Schacht
bis zum Grundwasser graben lassen
und beauftragte hierzu einen Brunnenmacher.

Auf den folgenden Seiten wird gezeigt,
wie Brunnenmacher Xaver Plinninger aus
Neumarkt St. Veit im Landkreis Mühldorf
im Jahr 1984 im Freilichtmuseum Massing
in Handarbeit einen Brunnen baute.

Der Bau des Schachtes gliedert sich grob
in drei Arbeitsschritte :
1. Graben und vorläufiges Auskleiden
   (Verschalen) des Schachtes
2. Setzen einer gezimmerten Brunnstube
   nach Erreichen des Grundwasserspiegels
3. Ausmauern des Brunnenschachtes.

Die Arbeiten am Brunnenschacht von Massing
dauerten knapp 6 Wochen.

24 Inszenierung "Brunnenbaustelle" im Obergeschoß der Ausstellung, Aufnahme 1993

25 Brunnenmacher Xaver Plinninger beim Festlegen des Grabungsortes, Aufnahme 1984
Wegen der hohen Kosten für den Schachtbau erfordert die Bestimmung des Standortes für einen neuen Brunnen stets einen erfahrenen Fachmann. Xaver Plinninger verwendet hierzu eine Wünschelrute aus Stahlseil.

26 Beginn der Grabungsarbeiten, Aufnahme 1984
Die Werkzeuge haben kürzere Stiele als üblich, damit im engen Schacht (Ø 128 cm) gearbeitet werden kann.

27 Einrichten der Winde, Aufnahme 1984
Alle Transporte in den Schacht und aus dem Schacht werden mit Hilfe der Winde erledigt. Xaver Plinninger verwendet eine Winde mit Stahlseil, die an einem Stativ aus Stahlrohren befestigt ist.

28 Besteigen des Fördereimers, Aufnahme 1984
Der Arbeiter steigt mit einem Fuß in den Fördereimer, der am Stahlseil der Winde hängt, und fährt so in den Schacht hinab.

29 Graben des Brunnschachtes, Aufnahme 1984

30 Schachtbaustelle, Aufnahme 1984
Wo der Schacht durch loses Erdreich führt, wird er mit Brettern ausgekleidet (verschalt). Diese verhindern, daß der Boden nachrutscht und Schacht und Arbeiter verschüttet. Xaver Plinniger fixiert die Schalbretter mit eisernen Reifen. (Grundsätzlich sind beim Schachtbau mehrere Methoden denkbar. Es gab auch Brunnenmacher, die rechteckige Schächte bauten und in diesen die Schalung mit hölzernen Bohlen sicherten.)

31 Blick in den Brunnschacht, Aufnahme 1984
In 10,20 m Tiefe wurde das Wasser "angegraben". Mit einer gebogenen Spezialschaufel wird nun der Schacht noch ein Stück in die wasserführende Schicht hinein weitergeführt.

32 Arbeiten am Brunnenschacht, Aufnahme 1984
Das am Grunde des Schachtes nachströmende Wasser muß immer wieder entfernt werden. Auf dem Bild ist außerdem die Bedienung der Handwinde gut zu sehen.

33

34

33 Teile der Brunnstube, Aufnahme 1984
Die Brunnstube bildet die "Quellfassung" am Grunde des Brunnenschachtes. Um Fäulnisbildung zu verhindern, wird sie ins Erdreich gerammt, bis sie völlig von Wasser bedeckt ist. Die einzelnen Bohlen sind deshalb angespitzt.

34 Fertiggestellte Brunnstube, Aufnahme 1984
Die Brunnstube wird oben zusammengesetzt und als Ganzes in den Schacht eingebracht.

35 Setzen der Brunnstube, Aufnahme 1984
Mit Hilfe eines schweren Hammers werden die Bohlen der Brunnstube am Grunde des Schachtes ins Erdreich gerammt. Damit die Brunnstube während der Arbeiten nicht aufschwimmt, muß der Arbeiter sie ständig mit seinem Körpergewicht niederdrücken. Man sieht auf dem Bild im Hintergrund die Schalung des Schachtes aus Brettern und Eisenreifen.

36

37

38

36 Ziegel zum Ausmauern des Schachtes, Aufnahme 1984
Xaver Plinninger verwendet zum Ausmauern halbierte Vollziegel. Für 10 m Schacht sind etwa 2500 halbierte Ziegel erforderlich. Plinninger hätte sich auch anders entscheiden können: Für die Auskleidung der Brunnenschächte fanden praktisch alle Arten von Steinen Verwendung. Es gab sogar konische Brunnenziegel. (Siehe Abb.44 - Abb.47)

37 Transport der Mauerziegel in den Brunnschacht, Aufnahme 1984

38 Ausmauern des Brunnenschachtes, Aufnahme 1984
Die Ziegel werden Lage für Lage mörtellos aufeinander gesetzt. Dabei ist jeder Mauerring aus 17 Ziegeln (Innendurchmesser 85 cm) in sich geschlossen. Die unterste Lage liegt auf der Brunnstube auf. Der Raum zwischen Mauerwerk und Schachtwand wird mit Kies und Aushub hinterfüllt. Vor dem Aufmauern muß die Schalung von der Schachtwand entfernt werden. Der unterste Teil des Schachtes ist dann ungeschützt. Je lockerer das Erdreich, desto kürzer müssen deshalb die einzelnen Abschnitte der Schalung sein, mit denen der Brunnenmacher beim Graben die Schachtwand sichert.

39

40
42

41

39 Bohren der Rohre für eine hölzerne Brunnenpumpe, Aufnahme 1985
Der Brunnen im Freilichtmuseum Massing wurde mit einer Holzpumpe ausgestattet, deren Antrieb über ein Windrad erfolgen sollte. Das gerade Ausbohren der hier "Deichen" genannten Holzrohre ist eine Kunst!

40 Aufstellen des Turmes für das Windrad, Aufnahme 1985
Zum Aufstellen des Windturmes, der nach dem Vorbild eines Turmes aus Holzreit, Lkr. PAN, in Zimmermannsarbeit errichtet wurde, nimmt man in Massing die moderne Technik zu Hilfe.

41 Kochhof im Freilichtmuseum Massing mit Windbrunnen, Aufnahme 1985
Der Brunnen mit Holzpumpe und Windrad ist voll funktionsfähig. Das Wasser wird in eine "Reserv" gepumpt, von der es zu den Zapfstellen in den Gebäuden fließt.

42 Inszenierung "Brunnenbaustelle" im Erdgeschoß der Austellung, Aufnahme 1994
Der Schacht, die Schalung und das umgebende "Erdreich" sind aufgeschnitten.

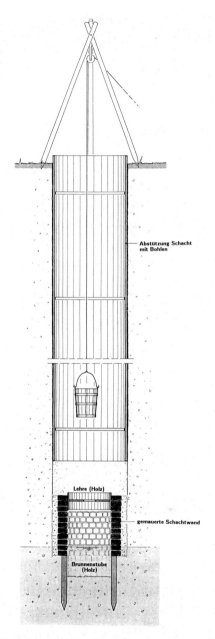

43 Schnittzeichnung der Brunnenbaustelle
Die Zeichnung zeigt, wie die Inszenierung, den Brunnenbau zum Zeitpunkt des Aufmauerns. Die Schachtmauer ruht auf der Brunnstube. Als Maß für den inneren Durchmesser der Mauer dient während des Arbeitens eine hölzerne Lehre.

44 Brunnenschacht mit einer Wandung aus "Bachkugeln" in Lenggries, Lkr. TÖL, Aufnahme 1987

45 Brunnenschacht mit einer Wandung aus Tuff in Moosen, Lkr. AÖ, Aufnahme 1987

46 Brunnenschacht mit einer Wandung aus Feldsteinen in Au, Lkr. TÖL, Aufnahme 1987.

47 Brunnenschacht mit einer Wandung aus Ziegeln in Rabenden, Lkr. TS, Aufnahme 1987

Die Werkzeuge des Brunnenmachers

Zu den vielfältigen Aufgaben des Brunnenmachers
gehörte neben dem Graben von Brunnenschächten
auch die Fertigung von Wasserleitungen,
Trögen und Brunnensäulen.

Bis in unser Jahrhundert hinein war dabei
in Oberbayern Holz der gebräuchlichste Werkstoff.

Die in der Ausstellung gezeigten Werkzeuge
stammen von Emeran Geiger (+1921) aus Bad Tölz.

48 Werkzeuge des Brunnenmachers in der Ausstellung, Aufnahme 1994

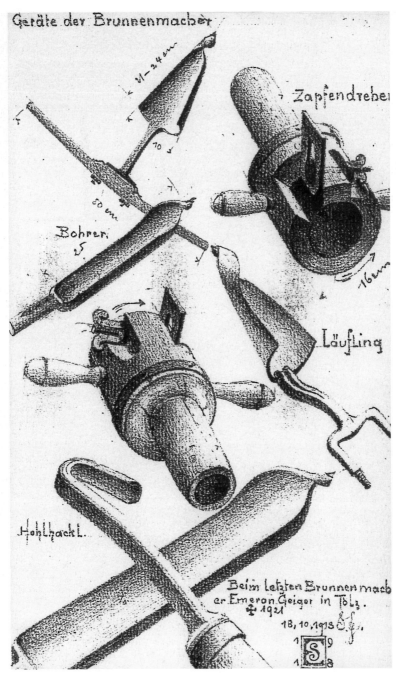
49 Zeichnung "Geräte der Brunnenmacher" von Sigmund Egenberger, 1918

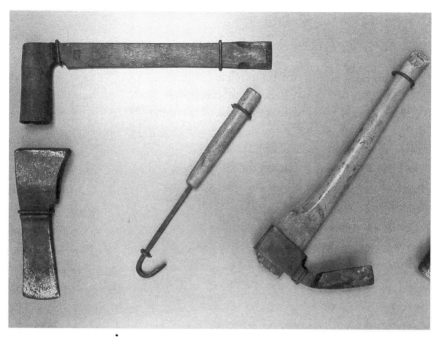

50 Werkzeuge des Brunnenmachers Emeran Geiger in der Ausstellung, Aufnahme 1994

51 Werkzeuge des Brunnenmachers für die Herstellung eines Holzbrunnens mit Zuleitung. Zeichnung von Sigmund Egenberger 1912.

Der Brunnen als Gefahr

"Erst, wenn das Kind im Brunnen liegt ..."
So beginnt ein Sprichwort, das Schwierigkeiten
bei der Behebung von Mißständen zum Thema hat.

Hier kommt die Erfahrung zum Ausdruck,
daß der Umgang mit Brunnenschächten
nicht nur während des Baus,
sondern auch nach ihrer Fertigstellung
gefährlich werden konnte.

52 Votivtafel aus Altötting, 1849
"Jackob Harlander, verlobte sich hierher, da ihm den 19 ten Jäner 1849, beim Brunngraben ein Schäffel auf den Kopf gefallen ist, und schwer verwundet wurde aber durch die Fürbitte der seeligsten Mutter Gottes wieder gerettet. Gott sey Dank."

53 Ausschnitt aus einer Votivtafel aus Altötting, 19. Jahrhundert
Diese Votivtafel liefert eine genaue Beschreibung des Unfalls beim Brunnenbau: "Joseph Neumaier von Gumattenkirchen hat im September bei dem Obermaier dortselbst einen Brunnen nachgegraben. Im 1. Ocktober, als er sich wieder in den Schacht hinunter gelassen hatte, fühlte er sich durch die dort angesammelte Stickluft so unwohl, und der Betäubung nahe, daß er in dieser seiner Noth die Gnadenmutter zu Altötting anrief und glücklich gleichsam durch ein Wunder dem nahen Tod entging. Nach ihm weil man die große Gefahr nicht erkennen und glauben wollte, ließ sich ein Maurer hinunter, der aber besinnungslos von der Leiter fiel, ehe ihn das Rettungsseil erreichte. Dem Bauern Obermaier, welcher ihm zur Hilfe eilte, wiederfuhr dasselbe. Ein Dritter versuchte noch wenigstens den Obermaier zu retten, allein schleunigst mußte derselbe wieder heraufgezogen werden, und hier angekommen hatte er bereits das Bewußtsein verloren. Beide ersteren wurden aus dem Schachte als Leichen heraufgezogen." (Gumattenkirchen gehört heute zur Gemeinde Mettenheim im Landkreis MÜ)

54 Votivtafel aus Altötting, 1880 (Ausschnitt)
Die Tafel bezeugt einen Brunnenunfall: "Ein 4jähriger Knabe fiel am 13. April 1880 in einen 10 Klafter tiefen Brunnen mit 3 Klafter Wasser und wurde unverletzt aus demselben gebracht."

55 Votivtafel aus Altötting, 1881 (Ausschnitt)
"Am 7. Nov. 1881 wurde Johann Lausch von Mehring bei der Brunnenarbeit verschüttet. Durch Fürbitte der h. Mutter Gottes nach 12 stündiger gefahrvoller Arbeit glücklich gerettet."

56 Votivtafel aus Greising, 1721
Die Tafel bezeugt einen ungewöhnlichen Brunnen-Unfall: "diße dafel hat alhero verlobt Pauluß Pimair Pauer Von Khoßihof die weill im Sein Pfertt in Brunnen ist gefallen. Durch hilf gotteß ist doch ...." (Die letzte Zeile des Textes fehlt.)

Dachwasser

Das Speichern von Regenwasser war lange
Zeit auch in unseren Breiten üblich.
Nahezu alle untersuchten Anwesen nutzten
diese Art der Wasserversorgung, meistens
zusätzlich zu anderen Wasservorkommen.

Das Regenwasser wurde auf den Dachflächen
gesammelt und in gezimmerte oder gemauerte
Behälter geleitet.
Die Entnahme aus diesen Reservoiren
erfolgte wie bei den Brunnen
mit Hilfe von Schöpfkübeln oder Pumpen.

57 Hof im Lkr. BGL, Aufnahme undatiert
Die einfachste Art, Regenwasser zu sammeln: Der Überlauf der Dachrinne fließt in ein Holzfaß.

58 Das Anwesen "beim Starker" in Laufen, Lkr. BGL, Aufnahme undatiert
Lange Rinnen leiten das Regenwasser von der Dachtraufe in eine abgedeckte "Reserv".

59 Das Anwesen "Zum Kray" in Moosrain, Lkr. MB, Aufnahme vor 1904
Das Regenwasser wird in hölzernen Rinnen zu einem unterirdischen Sammelbecken geleitet. Dieses ist mit Brettern abgedeckt.

60 Das Anwesen Untersommering Nr. 2, Lkr. TS, Aufnahme 1987
Dachrinnenrohre leiten das Regenwasser von allen Dächern des Anwesens in betonierte Kammern hinter den Gebäuden. Das Trinkwasser bezog dieser Hof aus einem Brunnen, der seit 1942 mit einer eisernen Handpumpe ausgestattet war. (Siehe Abb.129)

61 Das Anwesen "Schwaiger" in Höhenstetten, Lkr. TS, Aufnahme 1966
Zur Ableitung des Regenwassers in ein Sammelbecken sind an der Hauswand Blechrohre verlegt.

62 Neuhüttenalm am Seeberg, Lkr. MB, Aufnahme undatiert
Vom Dach führt eine Rinne zum abgedeckten, gezimmerten Becken für das Regenwasser. Daneben ist ein Laufbrunnen zu sehen.

Laufbrunnen

Brunnen, die ständig Wasser spendeten,
waren im Voralpenland weit verbreitet.
Meist wurde das Wasser in Holzrohren
von der Quelle bis zum Brunnen geleitet
und von dort ins Haus getragen.

Mit dem Vordringen der eisernen Leitungen
verloren die Laufbrunnen an Bedeutung,
da nun die Entnahmestellen ohne großen Aufwand
ins Haus hinein verlegt werden konnten.

Als Zierbrunnen und auf Almen sind
die Laufbrunnen bis heute in Gebrauch.

63 Mädchen am Brunnen, Zeichnung von Lorenz Quaglio, 19. Jahrhundert (Ausschnitt)

64 Anwesen mit Laufbrunnen in der Jachenau, Lkr. TÖL, Zeichnung 19. Jahrhundert

65 Das Anwesen "Reisergütl" mit Laufbrunnen in Miesbach, Lkr. MB, Zeichnung von 1635

66 Laufbrunnen in Reit im Winkl, Lkr. TS, Aufnahme um 1930.
Trog und Brunnensäule sind aus Holz, das Ausflußrohr aus Eisen.

67 Laufbrunnen vor dem Anwesen "Weidenbauer" in Wörnsmühl, Lkr. MB, Aufnahme um 1900
Die Brunnensäule ist mit Brettern verkleidet.

68 Laufbrunnen mit hölzernem Trog, Aufnahme undatiert

69 Laufbrunnen in Böbing, Lkr. WM, Aufnahme undatiert

70 Laufbrunnen vor einem Anwesen in Frasdorf, Lkr. RO, Aufnahme vor 1904

71 Laufbrunnen vor einem Anwesen in Gottschalling, Lkr. RO, Aufnahme undatiert

72 Laufbrunnen vor einem Anwesen in Urschlau, Lkr. TS, Aufnahme um 1900

73 "Beim Andrä" in Unterkretzbach, Lkr. MB, Aufnahme undatiert
Das Wasser ergießt sich aus dem eisernen Rohr in einen Betontrog.

74 Laufbrunnen bei Uffing, Landkreis GAP, Aufnahme 1936

75 Frau am Laufbrunnen in Sankt Margarethen, Lkr. RO, Aufnahme undatiert

Schöpfbrunnen mit Schwingbaum

Ein altes Hilfsmittel zum Wasserschöpfen
ist der Schwingbaum, der sich für Schächte
bis etwa 5 Meter Tiefe eignet.

Eine Säule trägt einen beweglichen Arm.
An diesem ist eine Stange befestigt,
die bis zum Wasserspiegel hinunter reicht.
An der Stange hängt der Schöpfkübel,
der nicht abgenommen werden kann.

Ein Gegengewicht am anderen Ende des
Armes unterstützt den Schöpfvorgang.

76 "Schwingbaumbrunnen" in der Ausstellung, Aufnahme 1994

77 Brunnen mit Schwingbaum in der Hofmark Schönau, (heute Lkr. DAH), Kupferstich von Michael Wening, um 1700

78 Schöpfbrunnen mit Schwingbaum auf einem Holzschnitt von 1588
Das Wasser des Brunnens wird in den Trog der Viehtränke gegossen.

79 Ausschnitt aus einer Votivtafel aus Weihenlinden, 1868
Die Tafel bezeugt einen Unfall bei der Reparatur des Dorfbrunnens von Högling (heute Lkr. RO).
Der Brunnen war mit einem Schwingbaum ausgestattet.

80 Schöpfkübel des Schwingbaum-Brunnens in Tyrlbrunn, Lkr. TS, Aufnahme 1987
Wasserschöpfen am Schwingbaum-Brunnen: Man schiebt die Stange nach unten, bis der Kübel mit dem Boden auf die Wasseroberfläche klatscht und hält die Stange in dieser Position fest. Durch das Gewicht des eisernen Beschlages neigt sich der Kübel zur Seite und läuft langsam voll. Aufgrund der konischen Form wird dabei im unterem Teil des Kübels eine Luftblase eingeschlossen; diese verhindert, daß der Kübel untergeht. Er kommt schließlich waagrecht zu liegen. Nun zieht man die Stange und damit den gefüllten Kübel nach oben. Das Gegengewicht am anderen Ende des Schwingbaumes unterstützt diesen Vorgang.

81 Brunnen mit Schwingbaum in Tyrlbrunn, Lkr. TS, Aufnahme undatiert
Der Schöpfkübel fehlt.

82 Brunnen mit Schwingbaum in Tyrlbrunn, Lkr. TS, Aufnahme 1987
Der Brunnen auf der obigen Abbildung wurde im Jahr 1984 funktionsfähig rekonstruiert.

83 Schöpfbrunnen mit Schwingbaum vor einem Anwesen im Lkr. TS, Aufnahme um 1900

84 Schöpfbrunnen mit Schwingbaum, Aufnahme undatiert

85 Schöpfbrunnen in Mehlweg, Lkr. BGL, Aufnahme undatiert

86 Schöpfbrunnen vor einem Anwesen in Hundszell, Lkr. IN, Aufnahme undatiert

87 Schöpfbrunnen mit Schwingbaum vor dem Anwesen "Kainz" in Schlegeldorf bei Lenggries, Lkr. TÖL, Zeichnung von Sigmund Egenberger, 1923
Dieser Brunnen gehörte zu den am längsten betriebenen offenen Brunnen in Lenggries. Er ist deshalb auf einer ganzen Reihe von Bildern festgehalten worden. 1928 wurde er von einer ins Haus verlegten Wasserleitung abgelöst. Der Schöpfkübel wurde nach dem Abbau des Brunnens von der Familie aufbewahrt und schließlich für die Ausstellung zur Verfügung gestellt.

88 Der Brunnen beim "Kainz" in Lenggries, Aufnahme undatiert

89 Bedienung des Schöpfbrunnens beim Kainz, Aufnahme undatiert
Neben dem Brunnen ist ein ein gemauerter Waschkessel zu sehen.

Schöpfbrunnen mit Winde

Die zweite schon lange gebräuchliche Vorrichtung
zum Wasserschöpfen ist die Seilwinde.
Sie kam an Brunnen zum Einsatz,
wenn die Schächte tiefer waren als 5 Meter.
(Bis zu dieser Tiefe genügte der Schwingbaum.)

Mittels Handkurbel, Welle und Seil
wurde der Schöpfkübel nach oben gezogen.
Er war fest mit dem Seil verbunden.

Bei den ländlichen Windenbrunnen bestand
der Brunnenaufbau in der Regel aus Holz.

90 "Windenbrunnen" in der Ausstellung, Aufnahme 1994

91 Windenbrunnen bei Oberhofen, (heute Lkr. RO), Zeichnung von F.W. Doppelmayr, 1810
Bei den meisten Windenbrunnen wird die Welle, auf die sich das Seil aufwickelt, durch ein Dach vor der Witterung geschützt.

92 Frau an einem Windenbrunnen in Lenggries, Lkr. TÖL, Aufnahme undatiert
Der Eimer ist an einer Kette befestigt. Diese hatte gegenüber einem Seil aus Naturfasern den Vorteil der längeren Haltbarkeit, brachte aber den Nachteil mit sich, daß ständig Rost ins Wasser rieselte.

93 Windenbrunnen mit Tränktrog im Lkr. ED, Aufnahme undatiert

94 Windenbrunnen vor dem Anwesen "Bayerhof" in Holz, Landkreis MB, Zeichnung von 1945

95 Offenes Brunnenhaus mit Windenbrunnen bei Oberroitham, Lkr. TS, Aufnahme 1962

96 Lagerung der eisernern Welle eines Windenbrunnen in Au, Lkr. TÖL, Aufnahme 1987
Im Zentrum der hölzernen Brunnenwelle steckt eine eiserne Welle, die durch eine Öffnung in der Bohle des Brunnenaufbaus geführt ist. Auf der Außenseite sitzt die hölzerne Kurbel auf dieser eisernen Welle.

97 Brunnenhaus mit Windenbrunnen in Soyen, Lkr. RO, Aufnahme undatiert
An der Giebelseite des Häuschens ist die eiserne Kurbel zu sehen. Der hölzerne Handgriff fehlt, man sieht lediglich den Dorn, auf dem er steckte.

98 Lagerung der eisernen Welle des Windenbrunnens in Holz, Lkr. MB, Aufnahme 1987
Auch hier wird die eiserne Welle in Verlängerung der hölzernen Brunnenwelle durch die Bohle des Brunnenaufbaus nach außen geführt.

99 Windenbrunnen in Unterholzen, Lkr. TS, Aufnahme um 1960
In den Landkreisen Berchtesgadner Land und Traunstein findet sich oft ein Handrad anstelle der Kurbel zur Bedienung des Windenbrunnens.

100 Windenbrunnen beim Anwesen "Zauner" in Brünning, Lkr. TS, Aufnahme 1966

101 Windenbrunnen in Oberheining, Lkr. BGL, Aufnahme 1968

102 Windenbrunnen beim Anwesen "Mojer" in Streulack, Lkr. TS, Aufnahme um 1960

103 Windenbrunnen beim Anwesen "Urban" in Stützing, Lkr. BGL, Aufnahme undatiert

Brunnen mit hölzernen Handpumpen

Die Einführung von Pumpen verringerte
den Kraftaufwand beim Wasserschöpfen,
da bei der Pumpe mit jedem Hub nur
eine kleine Menge Wasser gefördert wird.

Holzpumpen waren im Bergbau schon lange bekannt
und verbreiteten sich etwa ab der Zeit um 1800
langsam auf den Bauernhöfen in Oberbayern.
Holzpumpen wurden von Brunnenmachern gefertigt.

Da mit dem Einbau einer Pumpe der Schacht
in der Regel eine Abdeckung erhielt,
führte die Verbreitung der Pumpen auch
zu einer Verbesserung der Wasserqualität.

104 Hölzerne Brunnenpumpe in der Ausstellung, Aufnahme 1994

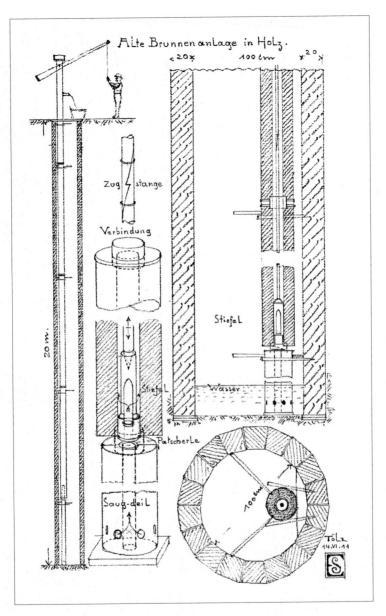

105 Darstellung eines Brunnens mit hölzerner Handpumpe von Sigmund Egenberger 1911 Links ist der 20 Meter tiefe Brunnenschacht mit den eingebauten Holzrohren im Ganzen zu sehen. Die Rohre wurden in der Regel am Rand des Schachtes angebracht, damit der Brunnenmacher noch zu dessen Grund hinabsteigen konnte. Da der Pumpenkolben (bei Egenberger "Stiefel") tief unten im Schacht sitzt, können mit Pumpen dieser Bauart beträchtliche Förderhöhen erreicht werden.

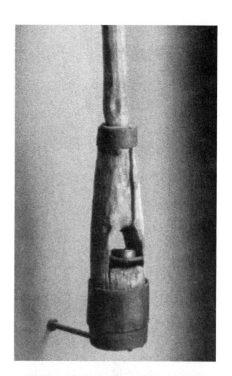

106 Kolben einer Holzpumpe aus Brünning, Lkr. TS in der Ausstellung, Aufnahme 1994

107 Steigrohr einer Holzpumpe aus Lohe, Lkr. RO, Aufnahme 1987 im Freilichtmuseum Amerang
Das Ende des Holzrohres ist mit einem Eisenring gefaßt. In der Stirnseite steckt ein zweiter eiserner Ring, der die Verbindung zum nächsten Rohrstück herstellte.

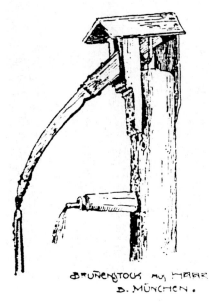

108 Pumpenstock einer hölzernen Handpumpe in Haar bei München, Zeichnung um 1905 Stock, Schwengel und Auslaufrohr sind aus Holz gefertigt. Das oben offene Steigrohr und der Hebelmechanismus sind durch ein Dächlein vor der Witterung geschützt.

109 Brunnen mit Holzpumpe vor einem Anwesen in Gehring, (heute Lkr. RO), Ausschnitt aus einer Zeichnung von F.W. Doppelmayr, 1810

110 Hölzerne Handpumpe in Voitswinkel, Lkr. TS, Aufnahme undatiert (vor 1960)
Von dieser Pumpe führte eine Leitung in den Roßstall des Anwesens, es konnte also wahlweise in diesen Stall oder am Pumpenausfluß Wasser entnommen werden. Zur Küche mußte das Wasser getragen werden. (Das Wasser für den Kuhstall wurde nach Auskunft der ehemaligen Bäuerin von einer "Reserv" auf der anderen Seite des Anwesens zugeleitet, vermutlich handelte es sich dabei um Regenwasser.)
Mit Einrichtung der zentralen Ortsversorgung um 1960 verlor die Pumpe ihre Bedeutung.

111 Holzpumpe auf einem Brunnenschacht bei Buschhausen, Lkr. AÖ, Aufnahme 1928

112 Holzpumpe vor dem Anwesen "Lackner" in Osing, Lkr. BGL, Aufnahme undatiert

113 Holzpumpe mit eisernem Schwengel vor dem Anwesen "Schafbauer" in Kremshof, Lkr. PAF, Aufnahme 1942

114 Holzpumpe mit eisernem Schwengel vor dem Anwesen "Mooser" in Moosen, Lkr. AÖ, Aufnahme undatiert (vor 1952)
Die hohe Ausführung der Pumpe weist auf einen tiefen Schacht hin. Je höher der Pumpenstock, desto günstiger ist die Hebelübersetzung und desto größere Förderhöhen können überwunden werden. Tatsächlich ist der mit Tuffsteinen ausgesetzte Schacht dieses Brunnens 18 m tief, das Wasser steht darin einen Meter hoch (siehe Abb. 45). 1952 wurde die hier abgebildete hölzerne Handpumpe durch eine eiserne Ausführung ersetzt, 1958 diese wiederum durch eine elektrisch angetriebene Pumpe. 1965 machte die Einführung der zentralen Ortsversorgung den Hausbrunnen überflüssig.

115 Holzpumpe mit eisernem Schwengel vor der Gastwirtschaft "Meier" in Hohenleiten, Lkr. TÖL, Aufnahme undatiert
Der Brunnen wurde um 1895 mit der Pumpe ausgestattet. Um 1930 verlegte man eine Leitung vom Brunnen zur Speis neben der Küche. Das Wasser für den Stall lieferte zu dieser Zeit ein Widder, der aus dem Wasser des nahegelegenen Sees gespeist wurde. 1970 löste die zentrale Wasserversorgung das hauseigene System ab.

116 Holzpumpe vor der Gastwirtschaft "Meier" in Hohenleiten, Lkr. TÖL, Aufnahme undatiert
Das Bild zeigt die Holzpumpe der vorhergehenden Abbildung in der kalten Jahreszeit. Um ein Einfrieren der Wassersäule zu verhindern, ist die Pumpe mit Stroh umwickelt.

117 Holzpumpe mit verschaltem Stock vor dem Anwesen "Wimmer" in Fridolfing, Lkr. TS, undatierte Zeichnung

118 Holzpumpe mit verschaltem Stock vor dem "Erlinger-Haus" in Niederhummel, Lkr. FS, Aufnahme zwischen 1928 und 1934
Von diesem Brunnen führten Leitungen in die Küche, den Kuhstall und den Roßstall des Anwesens, wo sich jeweils ein Grand befand.

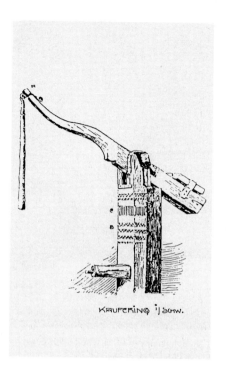

119 Hölzerne Handpumpe mit "Läutscheit" in Kaufering, Lkr. LL, Zeichnung vor 1911
Die Schwengelform dieser Pumpe erinnert an den Schwingbaum der Schöpfbrunnen. Zum Pumpen wurde an der herabhängenden Stange gezogen. Da diese Bewegung dem Ziehen am Seil der Kirchenglocken ähnelte, hieß das Zugholz an solchen Handpumpen vielerorts "Läutscheit".

120 Ausschnitt aus einer Votivtafel von 1706, die das Dorf Zankenhausen zeigt (heute Lkr. FFB)
Auf der Tafel, die anläßlich eines Brandes gestiftet wurde, ist sehr anschaulich die Bedienung einer Holzpumpe mit Läutholz dargestellt.

121 Holzpumpe mit Läutscheit in Großinzemoos, Lkr. DAH, Aufnahme 1928

122 Holzpumpe mit Läutscheit in Landsberied, Lkr. FFB, Aufnahme 1890

123 Holzpumpe mit Läutscheit vor einem Anwesen in Mettenheim, Lkr. MÜ, Aufnahme undatiert

124 Frau an Holzpumpe mit Läutscheit im Lkr. ND, Aufnahme undatiert

125 Frau an Holzpumpe mit Läutscheit im Lkr. ND, Aufnahme undatiert

126 Wasserholen an einer Holzpumpe mit Läutscheit in Mauggen, Lkr. ED, Aufnahme um 1940

Brunnen mit eisernen Handpumpen

Mit der allgemeinen Verfügbarkeit eiserner Rohre
seit Beginn unseres Jahrhunderts verbreiteten sich
eiserne Handpumpen auf den Brunnenschächten.

Eiserne Pumpen arbeiteten präziser und erforderten
einen geringeren Krafteinsatz als die hölzernen Pumpen.

Den Pumpenkörper und den Schwengel eiserner Pumpen
konnte der Dorfschmied herstellen,
den Pumpenkolben lieferte die Industrie.

Eiserne Rohre erleichterten außerdem die Verlegung
von Wasserleitungen innerhalb des Hauses.
Verband man diese Leitungen mit der Brunnenpumpe,
so konnte der Grand in Küche oder Stall
direkt vom Brunnen aus befüllt werden.

Die eisernen Pumpen brachten ein neues Problem:
sie froren leicht ein.

127 "Eisenpumpe" in der Ausstellung, Aufnahme 1994
Neben dem Pumpenkörper sind der zugehörige Pumpenkolben und der Arbeitszylinder zu sehen.

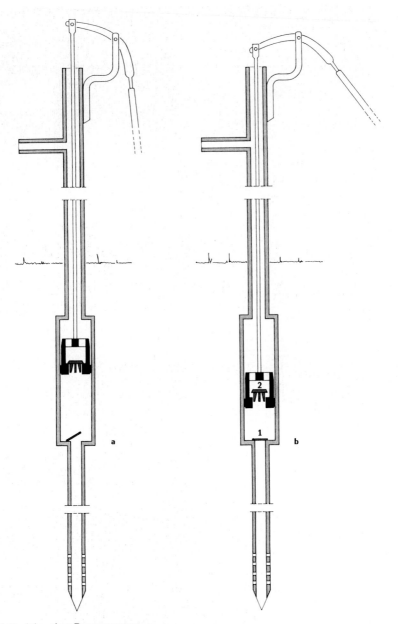

128 Funktion einer Brunnenpumpe
Der Hebemechanismus einer Brunnenpumpe arbeitet mit zwei Ventilen, die abwechselnd öffnen und schließen; Ventil 1 sitzt im Rohr, Ventil 2 im Pumpenkolben.
a Der Kolben wird nach oben gezogen und hebt die Wassersäule;
b Der Kolben wird nach unten gedrückt

129 Eiserne Brunnenpumpe in Untersommering, Lkr. TS, Aufnahme 1987

130 Eiserne Brunnenpumpe in Brünning, Lkr. TS, Aufnahme 1987

131 Eiserne Handumpe mit "Läutscheit"-Schwengel vor dem Anwesen Neumühlhausen Nr. 6, Lkr. EBE, Aufnahme 1987
Der 20 Meter tiefe Schacht dieses Brunnens ist mit Ziegeln ausgemauert.

132 Schwengelkonstruktion einer Eisenpumpe in Schralling, Lkr. AÖ, Aufnahme 1987

133 Schwengelkonstruktion einer Eisenpumpe in Moosen, Lkr. AÖ, Aufnahme 1987
Diese Pumpe ist ein Beispiel für die Wiederverwendung von Pumpenteilen: Der Schwengel trägt die Jahreszahl 1897, die Eisenpumpe wurde auf diesem Brunnen aber erst im Jahr 1952 installiert.

134 Ausflußrohr einer Eisenpumpe in Brünning, Lkr. TS, Aufnahme 1987

135 Eisenpumpe mit "Läutscheit"-Schwengel in Mailing, Lkr. IN, Aufnahme undatiert

136 Gußeiserne Brunnenpumpe in Babenried, Lkr. FFB, Aufnahme 1940
Neben den einfachen eisernen Pumpen, die aus Rohren gefertigt waren, gab es vereinzelt auch auf dem Land solche mit gußeisernen Brunnensäulen. Rechts im Bild ist neben dem Misthaufen des Anwesens die Jauchepumpe zu sehen.

137 Eisenpumpe in Knall, Lkr. BGL, Aufnahme undatiert

138 Eiserne Brunnenpumpe vor einem Anwesen in Mutterfing, Lkr. TS, Aufnahme undatiert

139 Eisenpumpe vor dem Anwesen "Hubbauer" in Muckham, Lkr. BGL, Aufnahme undatiert

140 Eisenpumpe vor dem ehemaligen Wirtshaus von Freutsmoos, Lkr. TS, Aufnahme undatiert

Brunnen mit mechanisierten Pumpen

Zur Befreiung von der mühseligen,
täglich wiederkehrenden Pumparbeit
versuchte man, die Brunnenpumpen
mit mechanischen Antrieben auszustatten.

Eine elegante Lösung des Problems
war die Ausnutzung der Windkraft,
doch erlaubten die Verhältnisse
dies nur im östlichen Oberbayern.

Anderswo nutzte man Verbrennungsmotoren
oder elektrische Antriebe zum Wasserpumpen.

141 Windrad als Antrieb einer Brunnenpumpe, Aufnahme im Freilichtmuseum Massing 1992

142 Werbung für Windräder um 1930
In Niederbayern und im östlichen Oberbayern waren in der ersten Hälfte unseres Jahrhunderts Windanlagen zum Antrieb von Wasserpumpen weit verbreitet.

143 Anwesen mit Windrad in Pirkern, Lkr. AÖ, Aufnahme undatiert

144 Anwesen mit Windrad in Obersonnöd, Lkr. AÖ, Aufnahme undatiert

145 Transmission zum Antrieb der hölzernen Brunnenpumpe beim Anwesen "Pfeifer" in Klebham, Lkr. TS, Aufnahme zwischen 1930 und 1960
Vom Brunnen führten Leitungen zu Wasserbehältern in Stube, Kuhstall, Roßstall und Ochsenstall. Das Befüllen der vier Behälter mit der hölzernen Handpumpe hatte den Knecht des Hofes jeden Abend eine Stunde lang beschäftigt. Im Jahr 1930 wurde die Pumpe mittels der abgebildeten Riemenscheibe und einem Elektromotor mit 1 PS Leistung mechanisiert. Anfang der 1960er Jahre löste die zentrale Ortsversorgung das hauseigene System ab.

146 Wasserpumpe vor dem Anwesen "beim Schmied" in Überacker, Lkr. FFB, Aufnahme 1924
Mit der abgebildeten Anlage versorgten sich vier Höfe mit Wasser. Der Antriebsriemen der Pumpe führt rechts aus dem Bild, der zugehörige Motor ist nicht zu sehen. Die Anlage läuft - aus dem kurzen Rohrstück über der Pumpe strömt Wasser. Vielleicht wurde das Bild anläßlich der Einweihung der neuen Pumpe aufgenommen.

147 Wassergetriebene Holzpumpe bei Obermühlberg, Zeichnung von Sigmund Egenberger, 1943
Die hier dargestellte Anlage hat gewerbliche Dimensionen und dürfte auf gewöhnlichen landwirtschaftlichen Anwesen eine Ausnahme gewesen sein.

Geschlagene Brunnen

Seit Beginn unseres Jahrhunderts verbreitete sich
auf den Bauernhöfen ein neuer Pumpentyp,
die "Saugpumpe" aus industrieller Fertigung.
Man spricht von "geschlagenen Brunnen",
weil das Saugrohr, auf dem die Pumpe sitzt,
in der Regel in den Boden geschlagen wurde.

In Anschaffung und Installation waren diese Pumpen
wesentlich billiger als herkömmliche Brunnenpumpen,
da sie keinen Schacht erforderten und als Massenware
hergestellt wurden.

Saugpumpen können Wasser bis zu 7 m hoch heben.
Sie wurden oft direkt in Stall oder Küche installiert.

Saugpumpen eignen sich auch zum Wasserschöpfen
aus Behältern und "Reserven".
Sie sind bis heute in Gebrauch, beispielsweise
sieht man sie oft in Schrebergärten.

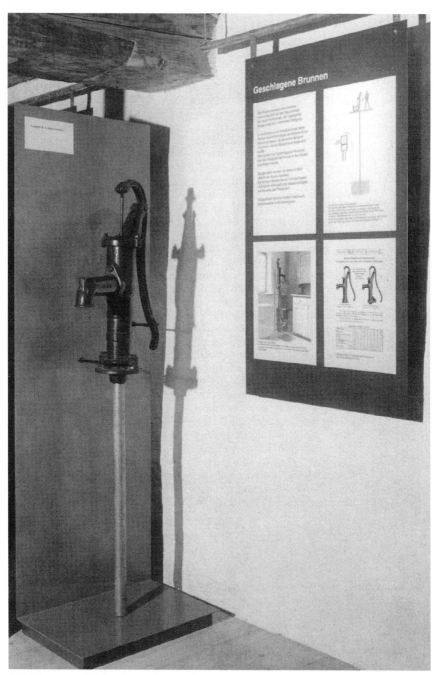

148 "Saugpumpe" in der Ausstellung, Aufnahme 1994

Über Aufstellung der Saugepumpen
(Abessinier-Brunnen).

Diese Pumpen werden überall da aufgestellt, wo die **wasserführende Erdschicht nicht tiefer als 7 m** unter Terrain liegt. Die Aufstellung derselben ist jedoch nur an **frostfreien Stellen**, bzw. in Gebäuden und überall dort zu empfehlen, wo die Wasserbeschaffung nur auf bestimmte Zeit im Sommer gefordert wird, wie auf **Bauplätzen, in Laubenkolonien und Gärten** usw., wo nach Gebrauch die Röhren wieder mit leichter Mühe herausgezogen werden, um an anderer Stelle Verwendung zu finden.

Diese **Abessinier-Brunnenanlagen** bestehen, wie nebenstehend **veranschaulicht, aus der Pumpe** und einem **schmiedeeisernen Rohre**, welches am unteren Ende einen durchlochten und mit Metallgewebe überzogenen **Ramm- oder Bohrfilter** erhält und oben mit der Pumpe zusammengeschraubt wird.

Nachdem mit einem **Erdbohrer** an Ort und Stelle 1 – 2 m tief vorgebohrt worden ist, werden die Röhren dann in der Regel durch **Rammen**, seltener durch Schrauben, so tief gesenkt, daß der **Filter völlig von der wasserführenden Kiesschicht umgeben** ist. Hiernach wird die Pumpe aufgeschraubt und das durch das Eintreiben der Rohre **trübe gewordene Wasser genügend abgepumpt**. Das Wasser wird dann sehr bald klar und kann in einigen Stunden nach der Aufstellung benutzt werden. Die **Vorteile** dieses Brunnensystems sind so bedeutend, daß die Anlage desselben nicht genug empfohlen werden kann. Das Wasser ist stets **rein und frisch**, da es sowohl gegen jeden **Luftzutritt**, wie **gegen den Zufluß unreiner und schädlicher Flüssigkeiten** geschützt ist.

Sollte ein gemauerter oder gegrabener **Kesselbrunnen** mit höchstens 7 m tiefem Wasserstand vorhanden sein, so ist ein Filter nicht nötig, es genügt dann ein **Saugerohr**, welches **mit einem Fußventil** versehen ist.

Für Brunnen mit tieferem Wasserspiegel und für **dauernden** Gebrauch im Freien empfehlen wir, besonders wenn die Pumpen ständig der Frostgefahr ausgesetzt sind, solche mit **Arbeitszylinder und Frosthahneinrichtung** zu wählen.

---

149 Beschreibung von Wirkungsweise und Aufstellung der Saugpumpen im Katalog der Pumpenfabrik Max Brandenburg von 1910

Kleine freistehende Saugepumpen
mit gußeisernem, nach allen Seiten verstellbarem Schwengel.

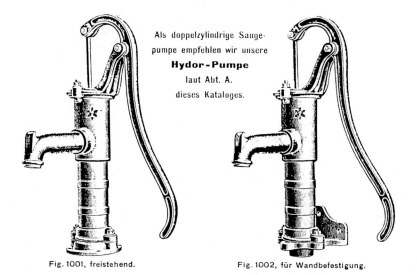

Als doppelzylindrige Saugepumpe empfehlen wir unsere **Hydor-Pumpe** laut Abt. A. dieses Kataloges.

Fig. 1001, freistehend.　　　　Fig. 1002, für Wandbefestigung.

150 Saugpumpen im Katalog der Pumpenfabrik Max Brandenburg von 1910

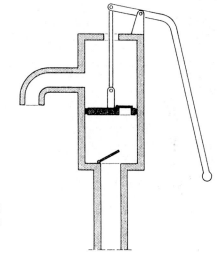

151 Zeichnung zur Funktionsweise der Saugpumpe
Die Wirkungsweise der Ventile entspricht derjenigen bei herkömmlichen Brunnenpumpen, doch sitzen bei der Saugpumpe beide Ventile im Pumpenkopf. Die Wassersäule wird nach oben gesaugt. Dies ist aus physikalischen und technischen Gründen nur bis zu einer Höhe von gut 7 m möglich.

152 Saugpumpe der Küche des Anwesens "Hirtenhäusl" aus Kerschlach, Lkr. WM, Aufnahme im Museum an der Glentleiten 1983 (Zustand von 1943)
Die problemlose Installation von Saugpumpen erlaubte deren Aufstellung direkt am Verbrauchsort: in der Küche oder im Stall.

153 Saugpumpe auf einem Brunnenschacht in Laufen, Lkr. BGL, Aufnahme undatiert
Saugpumpen eignen sich auch zu Wasserförderung aus Brunnenschächten, wenn die Förderhöhe 7 m nicht übersteigt. Da ihre Montage wesentlich einfacher ist als die der herkömmlichen eisernen Brunnenpumpen, wurden sie oft an deren Stelle eingesetzt.

154 Saugpumpe vor dem Anwesen "Trieb" in Tegernbach, Lkr. FFB, Aufnahme 1920
Auch hier sitzt eine Saugpumpe über dem Brunnenschacht.

Hydraulische Widder

"Widder" sind selbsttätige Wasserpumpen, die das Wasser von Quellen oder Bächen an höhergelegene Verbrauchsorte fördern.

Sie benötigen außer dem fließenden Wasser keine weitere Energiezufuhr.
Allerdings muß die Quelle ergiebig sein, da 85% des Wassers als Treibwasser abfließen.

Industriell hergestellte Widder gibt es seit etwa 100 Jahren zu kaufen.

155 "Hydraulische Widder" in der Ausstellung, Aufnahme 1994

Hydraulischer Widder.

Der hydraulische Widder ist eine selbsttätige Wasserhebemaschine, welche durch das Gefälle des ihr zugeführten Wassers betrieben wird, von dem ein Teil auf eine beliebige Höhe und Entfernung hierdurch gleichzeitig gefördert wird.

Der Widder ist in seiner Anwendung unbegrenzt, sofern genügend Betriebswasser und Gefälle vorhanden ist; er wird namentlich für **Landhäuser** und **Villen** in **bergigen Gegenden** angewendet, wenn Quellen oder höher gelegene Bäche zum Betriebe des Widders zur Verfügung stehen, während im Flachland der Widder selten zur Anwendung gelangen kann.

Neue
verbesserte
Ausführung.

Stoßventil
mit verlängerter
Hubstange für
Belastungsgewichte.

Fig. 1480.

Über die Wirkungsweise, Anwendung und Montage des Widders geben wir Fachleuten, die derartige Anlagen ausführen, einen **Spezialprospekt**, in dem gleichzeitig **ausführliche Tabellen** für die richtige Wahl desselben unter Berücksichtigung der in Betracht kommenden örtlichen Verhältnisse enthalten sind.

Dimensionen, Leistungen und Preise.

Größe Nr.	Mindest-Wassermenge, welche der Widder zum Betrieb gebraucht, per Minute ca. Liter	Rohranschluß lichte Weite Triebrohr Zoll	Rohranschluß lichte Weite Steigerohr Zoll	Telogramm-Wort	Preis M
1	6–15	1	$\frac{1}{2}$	Debulos	45,–
2	15–25	$1\frac{1}{4}$	$\frac{1}{2}$	Denaci	60,–
3	25–50	2	$\frac{3}{4}$	Denagen	75,–
4	50–100	$2\frac{1}{2}$	1	Dentaba	100,–
5	100–150	3	$1\frac{1}{4} - 1\frac{1}{2}$	Denalba	130,–

156 Hydraulische Widder im Katalog der Pumpenfirma Max Brandenburg von 1910

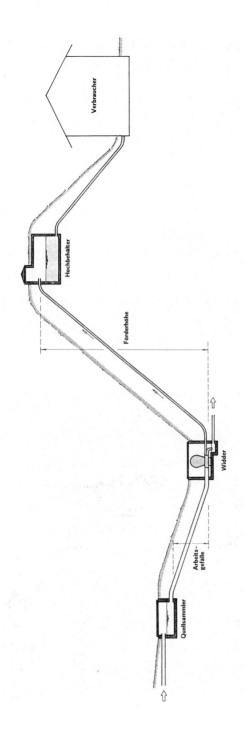

157 Zeichnung zur Anordnung einer Widderanlage
Das Wasser der Quelle wird gesammelt und strömt in einem Rohr zum Widder. Dieser hebt es durch die Steigleitung zum Verbrauchsort. Die erreichbare Förderhöhe hängt vom Arbeitsgefälle ab, sie beträgt maximal dessen 20fachen Wert. Heutige Widderanlagen erreichen Förderhöhen bis zu 300 m.

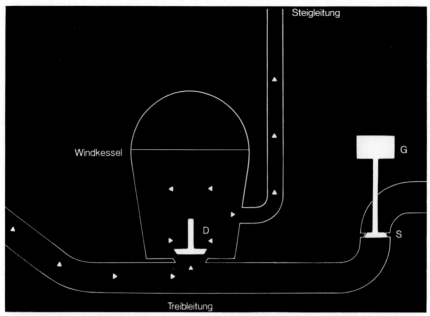

158 Funktionsweise des hydraulischen Widders: Das Stoßventil ist geschlossen, es wird Wasser gefördert.

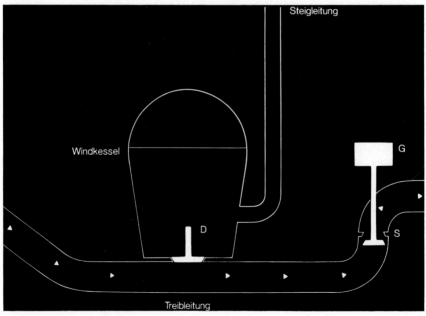

159 Funktionsweise des hydraulischen Widders: Das Stoßventil ist geöffnet, Treibwasser fließt ab.

Wirkungsweise eines hydraulischen Widders:

Wasser fließt durch die Treibleitung zum Widder
und durch das offene Stoßventil S weiter zum Ausfluß.
Ist eine bestimmte Strömungsgeschwindigkeit erreicht,
so wird das Stoßventil S mitgerissen und schließt.

Nun entsteht ein hoher Druck in der Leitung,
wodurch sich das Druckventil D öffnet.
Das Wasser strömt nun in den "Windkessel"
und weiter die Steigleitung hinauf.

Dadurch sinkt der Druck im gesamten System,
das Stoßventil S wird durch das auf ihm lastende Gewicht G
nach unten gedrückt und öffnet wieder,
woraufhin das Druckventil D wieder schließt.

Der Vorgang beginnt wieder von vorn.

Die zentrale Ortsversorgung

Seit etwa 1850 wurde in Bayern die Einrichtung
von Ortsversorgungen staatlich gefördert.
Heute beziehen 97% der Einwohner des Landes
ihr Wasser aus öffentlichen Netzen.

Je nachdem, wie sich die Wasserbeschaffung
vorher gestaltet hatte, wurde die Einführung
des "öffentlichen Wassers" begrüßt oder abgelehnt.

Neben der ganzjährig zuverlässigen Versorgung
und gezielter Qualitätskontrolle hatten
die Ortsversorgungen einen weiteren Effekt:
Die Leitungsnetze stehen unter Druck.
Manche Haushaltsgeräte, wie beispielsweise
moderne Waschmaschinen, benötigen diesen
Wasserdruck zu ihrer Funktion.

Die bequeme Verfügbarkeit des Wassers
führte zu neuen Maßstäben und Gewohnheiten,
insbesondere im Bereich der Hygiene.
Als Folge davon stieg der Wasserbedarf
der Haushalte innerhalb kurzer Zeit
auf nahezu den zehnfachen Wert.

160 Elemente der zentralen Ortsversorgung in der Ausstellung, Aufnahme 1994

161 Wasserhähne in der Ausstellung, Aufnahme 1994
Der Wasserhahn, der "im Handumdrehen" sauberes Wasser in beliebiger Menge spendet, kann als Symbol gelten für die Beendigung der Mühsal bei der Wasserbeschaffung einerseits, und für den sorglosen Umgang mit Wasser andererseits.

162 Wasseruhr in der Ausstellung, Aufnahme 1994.

163 Rohrabschnitt einer Ortswasserleitung in der Ausstellung
Die Muffen der Gußrohre wurden mit Hanf und einer Bleiverstemmung abgedichtet.

164 Waschvollautomat in der Ausstellung, Aufnahme 1994

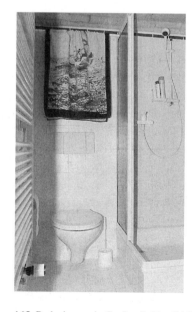

165 Badezimmer in Großweil, Lkr. GAP, Aufnahme 1993

Alle Probleme gelöst?

Anstelle der alten Probleme mit der
Wasserversorgung sind neue getreten.

Vielerorts haben die Wasserwerke Probleme,
Trinkwasser in der gewünschten Menge
zur Verfügung zu stellen.

Große Sorgen bereitet außerdem die
zunehmende Verschmutzung des Grundwassers
mit Giftstoffen aus Gewerbebetrieben
und aus der Landwirtschaft.

166 Ausklang der Ausstellung, Aufnahme 1994

167

168

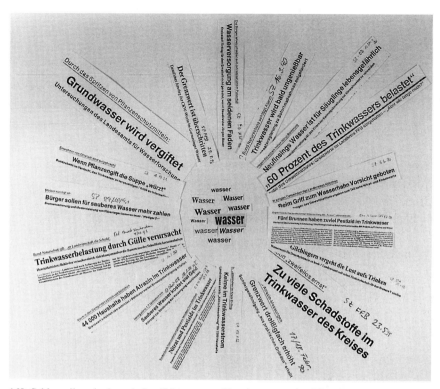

169 Schlagzeilen oberbayerischer Zeitungen zur Verschmutzung des Trinkwassers aus den Jahren 1990 bis 1993

Eine Pumpe für die Besucher

Nach dem Rundgang durch die Ausstellung
werden die Besucher aufgefordert,
sich selbst an einem eigens eingerichteten
Pumpbrunnen zu betätigen:

"Der Eimer faßt ca. 12 Liter Wasser.
Um den Wasserbedarf eines Anwesens dieser
Größe um das Jahr 1900 zu decken,
müßten Sie ihn täglich etwa 25 Mal füllen.

Ihren täglichen Bedarf zu Hause
schätzen wir auf etwa 12 Eimer je Person."

170 Museumsbesucher an der Saugpumpe vor dem Ausstellungsgebäude, Aufnahme 1993

Informationen zur Ausstellung

Exponate:

Modernes Handwaschbecken
Inszenierung "Wassertragen"
Pumpenkolben aus Geiselfing, 1911 (gestiftet von Familie Reinmiedel, Geiselfing)
Segment aus dem Windrad von Geiselfing,
  (gestiftet von Familie Reiter, Geiselfing)
Topographisches Modell von Übersee
Hydrant aus Übersee, Fa. Bopp und Reuther, 1906, (gestiftet vom Wasserbeschaffungsverband Übersee)
Wasseruhr, Fa. Bopp und Reuther, 1906, (gestiftet vom Wasserbeschaffungsverband Übersee)
Rohrabschnitt aus der Wasserversorgung von Übersee, 1906, (gestiftet vom Wasserbeschaffungsverband Übersee)
Inszenierung "Brunnenbaustelle"
"Deichel", Wasserleitungsrohr aus Holz
Schöpfkübel eines Schwingbaumbrunnens aus Lenggries um 1900, (gestiftet von Familie Josef Wasensteiner, Lenggries)
Hölzerne Welle mit Handkurbel
Säule einer Holzpumpe aus Petting
Kolben einer Holzpumpe aus Brünning
Säule einer Eisenpumpe
Kolben einer Eisenpumpe mit Lederdichtung und Ventil
Saugpumpe
Hydraulischer Widder
Hydraulischer Widder
Waschvollautomat, um 1980
Wasserhahn aus Bronze
Wasserhahn aus Messing
Wasseruhr
Gußrohrverbindung, Übersee 1906, geschnitten, (gestiftet vom Wasserbeschaffungsverband Übersee)
Rohrleitung aus Kunststoff, Übersee 1993
Absperrschieber, Übersee 1906
  (gestiftet vom Wasserbeschaffungsverband Übersee)
Mineralwasser in Stapelkästen
Besucherbrunnen mit Saugpumpe und Grand

Ausstellungsgebäude:	Weißenbachgütl aus Rottau, Gde. Grassau, Lkr. TS erbaut: 18. Jh., im Museum aufgebaut: 1992/93
Ausstellungsfläche:	100 m² in zwei Geschoßen
Tafeln:	Stahltafeln, lackiert, Texte und Abbildungen eingeschweißt und aufgeklebt
Objektträger:	Stahltafeln mit Holzsockel, lackiert, individuell geformt
Beleuchtung:	Lichtschiene mit Niedervoltstrahlern
Konzeption und Texte:	Dipl.-Ing. (FH) Anita Kuisle Büro für Technikgeschichte
Gestaltung:	Freilichtmuseum, Büro für Technikgeschichte
Gestalterische Beratung:	Erich Hackel, Atelier & Friends
Grafik, Modelle, Organisation:	Manfred Böhm, Freilichtmuseum
Projektleitung:	Dr. Ing. Helmut Keim, Museumsdirektor Ariane Weidlich, M. A., Freilichtmuseum

Literatur und Quellen

Literatur zur Geschichte der Wasserversorgung im ländlichen Oberbayern:

Bayer. Landesamt für Wasserversorgung (Hg.), Bericht des Bayer. Landesamtes für Wasserversorgung über die bisherige 50jährige Tätigkeit 1878-1928, München 1929.

Bayer. Landesamt für Wasserwirtschaft (Hg.), Geschichtliche Entwicklung der Wasserwirtschaft und des Wasserbaues in Bayern, Bd.2, München 1983 (= Informationsbericht 4/83 des Bayer. Landesamtes für Wasserwirtschaft).

Bayer. Statistisches Landesamt (Hg.), Die Wasserversorgung in Bayern nach dem Stande vom 1. Januar 1928, München 1930 (= Heft 120 der Beiträge zur Statistik Bayerns).

Bayer. Statistisches Landesamt (Hg.), Öffentliche Wasserversorgung und öffentliches Abwasserwesen in Bayern im Jahre 1963, München 1966 (=Heft 268 der Beiträge zur Statistik Bayerns).

Bayer. Statistisches Landesamt (Hg.), Öffentliche Wasserversorgung und öffentliches Abwasserwesen in Bayern im Jahre 1969, München 1969 (=Heft 311 der Beiträge zur Statistik Bayerns).

Doppelmayr F.W., Zeichnungen und Skizzen nach der Natur aus den Gegenden des Kgl. Baier. Landgerichts Rosenheim, Rosenheim 1982.

Koch Friedrich, Brunnen und Wasserversorgung im ländlichen Oberbayern, Zur technischen Entwicklung im 19. und 20. Jahrhundert, Magisterarbeit LMU München, Inst. f. Vkde, 1989.

Kromas Angelika, Wandel im bäuerlichen Haushalt, Eine Untersuchung zur Veränderung des hauswirtschaftlichen Arbeitsbereiches der Bäuerin (1950-1980), Magisterarbeit LMU München, Inst. f. Vkde, 1987.

Kullmann, Der Stand der Wasserversorgung in Bayern, in: ZS d. VDI, Nr.44/1899.

weiterführende Literatur in:

Frisches Wasser, Katalog zur Ausstellung im Schleswig Holsteinischen Landesmuseum 1987, Schleswig 1987.

Quellen zur Geschichte der Wasserversorgung im ländlichen Oberbayern:

Fotosammlung im Archiv für Hausforschung, München
Fotosammlung des Bayer. Landesvereins für Heimatpflege, München
Fotoarchiv des Obb. Freilichtmuseums an der Glentleiten
Befragungen und Interviews durch das Obb. Freilichtmuseum an der Glentleiten
"Physikatsberichte" aus den 1850er und 1860er Jahren im Stadtarchiv München
Staatsarchiv München
Bayerisches Hauptstaatsarchiv München

Bildnachweis

Abkürzungen:
FLM Glent Oberbayerisches Freilichtmuseum an der Glentleiten
AfH Archiv für Hausforschung des Institutes für Volkskunde/ Bayr. Akademie der Wissenschaften, München
BLVfH Bayerischer Landesverein für Heimatpflege, München
FLM Mas Freilichtmuseum Massing

1: FLM Glent
2: FLM Glent
3: FLM Glent
4: FLM Glent, Quelle: Statistisches Bundesamt 1990
5: FLM Glent, Quelle: Globus
6: FLM Glent
7: FLM Glent, Quelle: Bayr. Stat. Landesamt 1930
8: Ingenieurberatung Dr. W. Galling, Edling
9: FLM Glent
10: FLM Glent
11: FLM Glent
12: FLM Glent
13: FLM Glent
14: Foto Ammon, Schönau a.K.
15: Gemeindearchiv Schönau a.K.
16: Gemeindearchiv Schönau a.K.
17: FLM Glent
18: FLM Glent
19: Josef Metz, Übersee
20: FLM Glent
21: Wasserbeschaffungsverband Übersee
22: Historisches Archiv Bopp und Reuter, Mannheim
23: FLM Glent
24: FLM Glent
25: FLM Mas
26: FLM Mas
27: FLM Mas
28: FLM Mas
29: FLM Mas
30: FLM Mas
31: FLM Mas
32: FLM Mas
33: FLM Mas
34: FLM Mas
35: FLM Mas
36: FLM Mas
37: FLM Mas
38: FLM Mas
39: FLM Mas
40: FLM Mas
41: FLM Mas
42: FLM Glent
43: FLM Glent
44: FLM Glent
45: FLM Glent
46: FLM Glent
47: FLM Glent
48: FLM Glent
49: Historischer Verein für das bayr. Oberland, Bad Tölz
50: FLM Glent
51: Historischer Verein für das bayr. Oberland, Bad Tölz
52: Kapellverwaltung Altötting
53: Kapellverwaltung Altötting
54: Kapellverwaltung Altötting
55: Kapellverwaltung Altötting
56: Bayr. Nationalmuseum München
57: BLVfH
58: AfH
59: Otto Aufleger, Bauernhäuser aus Oberbayern und angrenzenden Gebieten Tirols, München 1904, reprint Hannover 1981.
60: FLM Glent
61: AfH
62: Paul Werner, Der Bergbauernhof, München 1979.
63: Paul E. Rattelmüller, Lorenz Quaglio, der Schilderer oberbayerischer Bauern, Ausst. FLM d. Bez. Oberbayern o. O. 1978.
64: BLVfH
65: AfH
66: AfH
67: AfH
68: AfH
69: BLVfH
70: Otto Aufleger, Bauernhäuser aus Oberbayern und angrenzenden Gebieten Tirols, München 1904, reprint Hannover 1981.
71: BLVfH
72: AfH
73: BLVfH
74: BLVfH
75: AfH
76: FLM Glent
77: Kupferstich Michael Wening
78: Sebastian Münster, Cosmography, 1588, reprint Grünwald 1977.
79: Bayr. Nationalmuseum München

80: FLM Glent
81: AfH
82: FLM Glent
83: AfH
84: AfH
85: Sammlung Paul Werner, München
86: AfH
87: Historischer Verein für das bayr. Oberland, Bad Tölz
88: Lenggries, Ein Streifzug durch Vergangeheit und Gegenwart, Eigenverlag der Gemeinde Lenggries 1984.
89: FLM Glent
90: FLM Glent
91: Doppelmayr F.W., Zeichnungen und Skizzen nach der Natur aus den Gegenden des Kgl. Baier. Landgerichts Rosenheim, Rosenheim 1982.
92: Lenggries, Ein Streifzug durch Vergangenheit und Gegenwart, Eigenverlag der Gemeinde Lenggries 1984.
93: AfH
94: AfH
95: AfH
96: FLM Glent
97: AfH
98: FLM Glent
99: AfH
100: AfH
101: AfH
102: AfH
103: AfH
104: FLM Glent
105: Historischer Verein für das bayr. Oberland, Bad Tölz
106: FLM Glent
107: FLM Glent
108: Bayr. Heimatschutz 9/1911
109: Doppelmayr F.W., Zeichnungen und Skizzen nach der Natur aus den Gegenden des Kgl. Baier. Landgerichts Rosenheim, Rosenheim 1982.
110: AfH
111: FLM Glent
112: AfH
113: AfH
114: AfH
115: FLM Glent
116: AfH
117: AfH
118: AfH
119: Bayr. Heimatschutz 9/1911
120: AfH
121: BLVfH
122: FLM Glent
123: AfH
124: AfH
125: AfH
126: AfH
127: FLM Glent
128: FLM Glent
129: FLM Glent
130: FLM Glent
131: FLM Glent
132: FLM Glent
133: FLM Glent
134: FLM Glent
135: BLVfH
136: BLVfH
137: AfH
138: AfH
139: AfH
140: AfH
141: Anita Kuisle, München
142: FLM Mas
143: AfH
144: AfH
145: AfH
146: FLM Glent
147: Historischer Verein für das bayr. Oberland, Bad Tölz
148: FLM Glent
149: FLM Glent
150: FLM Glent
151: FLM Glent
152: FLM Glent
153: BLVfH
154: FLM Glent
155: FLM Glent
156: FLM Glent
157: FLM Glent
158: FLM Glent
159: FLM Glent
160: FLM Glent
161: FLM Glent
162: Paul Werner, Der Bergbauernhof, München 1979.
163: FLM Glent
164: FLM Glent
165: FLM Glent
166: FLM Glent
167: Umweltinstitut München, Schriftenreihe Bd.10, 1990
168: Umweltinstitut München, Schriftenreihe Bd.12, 1991
169: FLM Glent
170: FLM Glent

Ortsregister zu den Abbildungen

Au, Gde. Dietramszell, Lkr. TÖL, Abb. 46, 96
Babenried, Gde. Landsberied, Lkr. FFB, Abb. 136
Böbing, Gde. Böbing, Lkr. WM, Abb. 69
Brünning, Gde. Palling, Lkr. TS, Abb. 100, 106, 130, 134
Buschhausen, Gde. , Lkr. AÖ, Abb. 111
Edling, Gde. Edling, Lkr. RO, Abb. 8
Frasdorf, Gde. Frasdorf, Lkr. RO, Abb. 70
Freutsmoos, Gde. Palling, Lkr. TS, Abb. 140
Fridolfing, Gde. Fridolfing, Lkr. TS, Abb. 117
Gehring, Gde. Rottal-Inn, Lkr. RO, Abb. 109
Geiselfing, Gde. Palling, Lkr. TS, Abb. 13
Gottschalling, Gde. Bad Feilnbach, Lkr. RO, Abb. 71
Großinzemoos, Gde. Röhrmoos, Lkr. DAH, Abb. 121
Großweil, Gde. Großweil, Lkr. GAP, Abb. 165
Gumattenkirchen, Gde. Mettenheim, Lkr. MÜ, Abb. 53
Haar, Gde. Haar, Lkr. M, Abb. 108
Högling, Gde. , Lkr. , Abb. 79
Hohenleiten, Gde. Eurasburg, Lkr. TÖL, Abb. 115, 116
Höhenstetten, Gde. Palling, Lkr. TS, Abb. 61
Holz, Gde. Bad Wiessee, Lkr. MB, Abb. 94, 98
Holzreit, Gde. Eggenfelden, Lkr. PAN, Abb. 40
Hundszell, Gde. Ingolstadt, Lkr. IN, Abb. 86
Jachenau, Gde. Jachenau, Lkr. TÖL, Abb. 64
Kaufering, Gde. Kaufering, Lkr. LL, Abb. 119
Kerschlach, Gde. Pähl, Lkr. WM, Abb. 152
Klebham, Gde. Fridolfing, Lkr. TS, Abb. 145
Knall, Gde. Laufen, Lkr. BGL, Abb. 137
Kremshof, Gde. Jetzendorf, Lkr. PAF, Abb. 113
Landsberied, Gde. Landsberied, Lkr. FFB, Abb. 122
Laufen, Gde. Laufen, Lkr. BGL, Abb. 153, 58
Lenggries, Gde. Lenggries, Lkr. TÖL, Abb. 44, 87, 88, 89, 92
Lohe, Gde. Albaching, Lkr. RO, Abb. 107
Mailing, Gde. Ingolstadt, Lkr. IN, Abb. 135
Mauggen, Gde. Bockhorn, Lkr. ED, Abb. 126
Mehlweg, Gde. Markt Schellenberg, Lkr. BGD, Abb. 85
Mettenheim, Gde. Mettenheim, Lkr. MÜ, Abb. 123
Miesbach, Gde. Miesbach, Lkr. MB, Abb. 65
Moosen, Gde. Tyrlaching, Lkr. AÖ, Abb. 45, 114, 133
Moosrain, Gde. Hausham, Lkr. MB, Abb. 59
Muckham, Gde. Saaldorf, Lkr. BGL, Abb. 139
Mutterfing, Gde. Fridolfing, Lkr. TS, Abb. 138
Neumühlhausen, Gde. Hohenlinden, Lkr. EBE, Abb. 131
Niederhummel, Gde. Langenbach, Lkr. FS, Abb. 118
Oberheining, Gde. Laufen, Lkr. BGL, Abb. 101
Oberhofen, Gde. Bad Feilnbach, Lkr. RO, Abb. 91
Oberroitham, Gde. Palling, Lkr. TS, Abb. 95
Obersonnöd, Gde. Erlbach, Lkr. AÖ, Abb. 144
Osing, Gde. Laufen, Lkr. BGL, Abb. 112
Pirkern, Gde. Tyrlaching, Lkr. AÖ, Abb. 143
Rabenden, Gde. Altenmarkt, Lkr. TS, Abb. 47

Reit im Winkl, Gde. Reit im Winkl, Lkr. TS, Abb. 66
Rottau, Gde. Grassau, Lkr. TS, Abb. 9, 10, 12
Sankt Margarethen, Gde. Großbrannenberg, Lkr. RO, Abb. 75
Schönau am Königsee, Gde. Schönau a.K., Lkr. BGL, Abb. 14, 15, 16, 17, 162
Schralling, Gde. Burgkirchen, Lkr. AÖ, Abb. 132
Soyen, Gde. Soyen, Lkr. RO, Abb. 97
Streulack, Gde. Petting, Lkr. TS, Abb. 102
Stützing, Gde. Saaldorf, Lkr. BGL, Abb. 103
Tegernbach, Gde. Mittelstetten, Lkr. FFB, Abb. 154
Tyrlbrunn, Gde. Palling, Lkr. TS, Abb. 80, 81, 82
Überacker, Gde. Maisach, Lkr. FFB, Abb. 146
Übersee, Gde. Übersee, Lkr. TS, Abb. 19, 20, 21, 23
Uffing, Gde. Uffing, Landkreis GAP, Abb. 74
Unterholzen, Gde. Waging a.S., Lkr. TS, Abb. 99
Unterkretzbach, Gde. Irschenberg, Lkr. MB, Abb. 73
Untersommering, Gde. Palling, Lkr. TS, Abb. 60, 129
Urschlau, Gde. Ruhpolding, Lkr. TS, Abb. 72
Voitswinkel, Gde. Wonneberg, Lkr. TS, Abb. 110
Wörnsmühl, Gde. Fischbachau, Lkr. MB, Abb. 67
Zankenhausen, Gde. Türkenfeld, Lkr. FFB, Abb. 120